AF607172
VERSO

RÁFAGAS

ADELA ZAMUDIO

Número 36 de la Colección **AVERSO POESÍA**

Ráfagas

Edición al cuidado de Averso Poesía
www.aversopoesia.com

hola@aversopoesia.com

Primera edición: septiembre de 2024
ISBN: 978-84-10027-45-9
Depósito Legal: GR 1354-2024

Impreso en España - *Printed in Spain*

El papel utilizado para la impresión de este libro está calificado como papel ecológico y procede de bosques gestionados de manera sostenible.

ADELA ZAMUDIO.
UN SUEÑO Y UNA TRINCHERA

Adela Zamudio fue una poeta, novelista, articulista y pedagoga nacida el 11 de octubre de 1854 en Cochabamba, Bolivia, considerada, sin lugar a duda, la escritora feminista más representativa de la literatura boliviana, hasta el punto de celebrarse en la fecha de su nacimiento el Día de la Mujer en Bolivia. Procedente de una acaudalada familia, su padre, Adolfo Zamudio, era ingeniero de minas y su madre, Modesta Cesárea, era hija de un propietario de minas. Su infancia transcurre en la calma de una bucólica ciudad rodeada de montañas e iglesias coloniales donde asistiría al centro católico Beaterío de San Alberto. Pero dado que las jóvenes no podían estudiar más allá de tercero de primaria, se vio obligada a dejar sus estudios con solo ocho años y seguir instruyéndose en casa. En su búsqueda por el saber recopilaba lecturas y artículos provincianos para leer sin descanso. Mostró desde pequeña una clara inteligencia, habilidad y gran curiosidad. Bajo el pseudónimo de «Soledad», la autora publica su primer poema, *Dos Rosas*, que tiene buena acogida, y a partir de la aparición del periódico *El Heraldo* en 1877 sus versos logran gran difusión y Soledad se convierte en un referente poético de la región[1]. Por estos años, su

1. Elva Echenique, María (2015). *Adela Zamudio. Escritoras Latinoamericanas del 19*. University of Portland.

familia sufre una repentina crisis financiera que llegaría a ser irreversible e impediría a la autora abandonar la casa familiar.

En 1887 Adela Zamudio publica en Buenos Aires su primer poemario, *Ensayos poéticos*, una colección de 24 poemas, firmados esta vez por la propia autora, que recibieron el elogio y admiración de la crítica. Esta gran acogida inicial reforzó la confianza de la autora en su escritura, que había permanecido resguardada del panorama cultural y refugiada en el íntimo sosiego del aprendizaje. Debido a su singular constancia, adquirió un elevado nivel cultural, lo que le permitió participar en los círculos intelectuales de la época, altamente masculinizados, donde su presencia causaba rechazo[2]. Durante la Guerra Federal librada en Bolivia en los años 1898-1899, Zamudio se posicionó a favor del bando liberal, que defendía un régimen federal, frente a las posturas conservadoras y unitarias de la élite económica. La autora fue partícipe del nuevo modelo político del país y escribió numerosos ensayos pedagógicos y artículos en torno al proyecto de reforma educativa que el Gobierno liberal auspiciaba. La autora solía ilustrar sus versos con bellas imágenes, pintaba óleos de gran maestría e impartía clases en una academia de dibujo y pintura situada en su propio hogar. En 1899 se incorpora como profesora en la escuela donde se educó sus primeros años y en 1905 funda el Liceo de Señoritas, primera institución

2. Soldán, A. M. P. (2010). *Adela Zamudio: imagen y escritura*. Revista Ciencia y Cultura.

laica para mujeres en Cochabamba, de la que sería directora. Su fructífera carrera pedagógica no estuvo exenta de polémicas, ya que sus ideas transformadoras, expresadas tanto en las aulas como en artículos y ensayos pedagógicos, giraban en torno a una educación popular, inclusiva y laica, lo que despertó fuerte revuelo entre la aristocracia. Especialmente, la autora fue crítica con la práctica católica y la jerarquía eclesiástica, como evidencia el ilustre poema *Quo vadis?*, publicado durante la cuaresma de 1903: «La Roma en que tus mártires supieron / en horribles suplicios perecer / es hoy lo que los césares quisieron: / emporio de elegancia y de placer».

Junto con su infatigable labor pedagógica, la polifacética autora escribió en prosa cuentos y relatos que fueron publicados en periódicos y revistas, destacando, entre otros; *La razón y la fuerza*, *El diamante*, *Vértigo* o *El velo de la Purísima*. Esta narrativa romántica y costumbrista sirve a Zamudio para dar testimonio de hechos cotidianos, realistas e incluso alegóricos[3]. En 1913 publica en la Paz su única novela epistolar, *Íntimas,* que obtuvo escasa popularidad y recibió una crítica negativa, pues no se supo apreciar su capacidad expresiva[4]. En síntesis, la prosa de Zamudio es rica en imágenes, la autora, a través de sus relatos breves y cuentos, recrea el papel de las mujeres en la sociedad, reivindica su

3. *Adela Zamudio (1854-1928).* Revista literaria Katharsis.

4. Berbetti, Á. G. Z. (2018). La narrativa femenina de la violencia en los cuentos de Adela Zamudio. En *Las inéditas: voces femeninas más allá del silencio* (pp. 595-606). Ediciones Universidad de Salamanca.

espacio narrativo y construye una identidad subjetiva dentro de la literatura boliviana.

Durante el año 1913, la autora decide recopilar todos sus poemas escritos y dispersos en revistas y periódicos y publicar en París el que sería su segundo poemario; *Ráfagas*. En esta obra la autora se aleja de la estética modernista y romántica imperante y adquiere una inigualable voz poética, original y propia. En sus versos alude a la emancipación de la mujer, canta a la muerte, a sus designios y enfrenta la jerarquía clerical. Sin tapujos, la autora alude al deterioro moral y a la hipocresía social, como puede apreciarse en los poemas *Fin de siglo*, *Poeta* y *Baile de máscaras*; en este último escribirá: «La vida es un gran baile / con antifaces, / en que todos los hombres / usan disfraces; / y en el que todos / se adornan de oropeles, / de varios modos». Las imágenes poéticas de la autora atesoran misterio e inquietud; el velo, las cortinas de tul, las nubes y el cielo son metáforas recurrentes en sus versos, a través de ellas muestra un mudo cínico y sediento[5]: «Bajo el diáfano velo de la bruma; / y en el espacio inmenso, se levanta / un astro más hermoso que la luna». La esperanza también habita en este poemario y acompaña de la mano a poemas como *Primavera y La violeta,* imágenes recurrentes en la autora, cálidas estaciones en las que para ella la tristeza se disipa y las flores resuenan vigorosas: «Hay una flor pequeña y delicada / de agradable y suavísima fragancia / que vive,

5. Soldán, A. M. P. (2010). *Adela Zamudio: imagen y escritura.* Revista Ciencia y Cultura.

por su planta cobijada, / sin lucir galanura ni elegancia». En *Ráfagas* también abundan poemas feministas que sitúan a Adela Zamudio en la vanguardia de la lucha por los derechos de las mujeres en Bolivia y su ansiada emancipación; poemas como *Nacer hombre, El solterón* o *Vanidad* reflejan el hastío de la autora ante una sociedad patriarcal donde la desigualdad confiere privilegios al hombre solo por nacer tal. En la actualidad, el poema *Nacer hombre* se alza como un alegato feminista de vigencia intacta[6]: «Ella, ¡qué trabajos pasa / por corregir la torpeza / de su esposo! Y en la casa, / (permitidme que me asombre) / tan inepto como fatuo / sigue él siendo la cabeza, / porque es hombre».

En sus últimos años de vida, Adela fue nombrada mantenedora de los Juegos Florales del Círculo de Bellas Artes de La Paz; y en 1926, ya jubilada y con casi 72 años, fue coronada en un acto solemne por el presidente de la República como máximo exponente de la cultura en Bolivia y aclamada en la plaza 14 de septiembre[7]. Solo dos años después de su homenaje, el 2 de junio de 1928, la autora fallece sin tregua o pausa en su encomiable labor.

La obra de Adela Zamudio transita entre el romanticismo y las corrientes liberales de principios de siglo;

---

6. Beatriz Guardia, Sara (2007). *Mujeres que escriben en América Latina*. Centro de Estudios La Mujer en la Historia de América Latina, CEMHAL.

7. Soldán, A. M. P. (2010). *Adela Zamudio: imagen y escritura*. Revista Ciencia y Cultura.

ferviente defensora de los derechos de las mujeres y de una educación igualitaria, toda su obra está impregnada de feminismo. Fue una mujer adelantada a su tiempo, de carácter nostálgico, que luchó sin descanso por la instauración del matrimonio civil y contribuyó a la elaboración de la ley del divorcio en 1926. Su poesía es enérgica, llora, clama y disiente; fue crítica con la Iglesia católica, sus prácticas y devenir. Desde la trinchera, Adela Zamudio, mujer adelantada a su tiempo, llegó —pese a la artillería del sistema patriarcal— donde nadie antes imaginó, disparó con énfasis ráfagas de luz que alumbraron el camino a otras mujeres, jóvenes y niñas, y que, en definitiva, contribuyeron a una sociedad más justa e igualitaria.

Esa flor, que a las ráfagas resiste
y del clima soporta los rigores,
brota en un suelo desolado y triste,
sobre la tumba de las otras flores.

(*La violeta*, 1913)

Cristina Court

NOTA A ESTA EDICIÓN

La presente edición recupera la impresión original de *Ráfagas*, publicada en 1913 en París por la Sociedad de Ediciones Literarias y Artísticas Librería Paul Ollendorff.

Considerando el año de su publicación, el texto ha sido objeto de una revisión ortográfica tendente a su adaptación a los usos y normas actuales del lenguaje. No obstante, se ha respetado el singular empleo de los signos de puntuación del que hace uso Adela Zamudio, especialmente de los dos puntos [:] y de la raya [—], en tanto este constituye una característica de su lírica y contribuye a dotarla de carácter dialógico.

Asimismo, se han conservado los cinco epígrafes primigenios bajo los que la propia autora agrupó sus poemas, pues responde esta distribución a los diferentes temas que a través de su escritura exploró.

RÁFAGAS

Adela Zamudio

I

A un suicida

Como un eco perdido en el espacio,
como una estela en los profundos mares,
se ha borrado en el seno del olvido
la huella de tus íntimos pesares.

¡Digna posada te brindó reposo
tras jornada escabrosa y solitaria!
¡Maldita está la tumba en que tus restos
duermen sin una flor ni una plegaria!

Ajena a tu dolor y a tu abandono
la multitud pasaba en su carrera
como pasan las aguas del torrente
junto a la flor que tiembla en la ribera.

El ser más infeliz halla en el mundo
de amor y de amistad sagrados lazos,
pero tú... ¡ni una lágrima piadosa
cayó sobre tu sien hecha pedazos!

¡Pobre loco! Pensaste en tus quimeras
que, apagando la luz de tu pupila,
te lanzabas al fondo del abismo
para dormir en lobreguez tranquila.

¿Dónde está el fondo de ese abismo, dónde?
¿Quién el confín del infinito alcanza?
¡Mentira! El alma sigue su destino
por la ruta inmortal de la esperanza.

Te sedujo la calma engañadora
de ese lecho de hielo de la tumba
en que del fatigado peregrino
la envoltura de polvo se derrumba.

Pero morir no es detener la marcha;
sólo es dejar el terrenal ropaje;
hundirse en los espacios invisibles,
seguir, seguir el misterioso viaje.

¡Cuántos pesares sin consuelo, cuántos,
con su peso mortal te han oprimido
hasta romperte el corazón y hacerte
prorrumpir en tan bárbaro estallido!

¿Dónde está Dios? ¿Responde al pensamiento
del alma que le implora dolorida,
o es el hombre un gusano abandonado
que se arrastra en el fango de la vida?

¡Silencio! Y prosigamos adelante
hasta encontrar una región propicia
en que se expliquen a la mente humana
los arcanos del bien y la justicia.

Insensible al secreto de tus penas,
el mundo inexorable, horrorizado,
sólo ha visto en tu frente la negrura
de esa marca feroz del renegado;

y todo aquel que lleve siemprevivas
a la mansión de paz de un ser querido,
sólo verá crecer en tu sepulcro
la zarza maldecida del olvido.

Y nunca, nunca, en las solemnes horas,
del aura triste en el errante vuelo,
se exhalará un suspiro silencioso
que vaya en pos de tu memoria al cielo.

Pero el Ser misterioso que sostiene
del dolor y la culpa la balanza
tendrá piedad del mísero demente
que fue ciego a la luz de la esperanza.

En nombre del poder irresistible
que abruma de dolores nuestra vida,
¡doblo ante Dios con humildad la frente
y elevo una oración por el suicida!

La violeta

Hay una flor pequeña y delicada
de agradable y suavísima fragancia
que vive, por su planta cobijada,
sin lucir galanura ni elegancia.

Cuando se extiende en los desiertos prados
del invierno la pompa funeraria,
cuando quedan los campos devastados
y queda la llanura solitaria,

esa flor, que a las ráfagas resiste
y del clima soporta los rigores,
brota en un suelo desolado y triste,
sobre la tumba de las otras flores.

Así, cuando perecen en la vida,
deshojadas en flor, las ilusiones,
cayendo sobre el alma dolorida
el hielo de las duras reflexiones,

como se abriga en el desierto prado
esa flor, sin el sol de primavera,
aun en el corazón más desolado
se abriga una esperanza postrimera.

En sus benignas leyes el Eterno
manda, tras la borrasca, la bonanza,
y nos deja una flor en el invierno
y en el dolor nos deja una esperanza.

Primavera

Después de la aridez y la tristeza
y del invierno, pálido, inclemente,
hoy que ya vuelves, primavera ausente,
todo a tu aliento a revivir empieza;

despierta la feraz naturaleza,
susurra el tibio y perfumado ambiente,
canta el ave, y el bosque nuevamente
se viste de su espléndida belleza;

de la existencia en la estación helada
jamás torna a venir la primavera,
ya no se ve lucir esa alborada.

¡Ah, si también la juventud volviera!
Si el alma, de ilusiones despojada,
otra vez de ilusiones se vistiera...

Tristeza

Soy la flor que en su tallo se dobla
porque sufre, guardando en su seno
de un gusano escondido el veneno
que devora su triste vivir.

Soy el cisne que canta doliente
de su muerte el momento esperando,
ya que siempre he vivido llorando
quiero al menos cantando morir.

¡Cuánta pena contiene un recuerdo!
Olvidando, la pena se calma,
el olvido es el sueño del alma;
pero mi alma no puede dormir.

Consumida por honda tristeza
el dolor se retrata en mi frente;
¡cuán amarga es mi vida presente!
¡cuán amargo será el porvenir!

A una golondrina

Ave gentil que con gracioso alarde
la inmensidad azul cruzando vas,
y perdida en la niebla de la tarde
vuelas y acaso nunca volverás.

Ave feliz, ¡quién como tú pudiera
rauda volar, llegar a otra región,
ir a morir incógnita viajera
junto a aquel ser que adora el corazón!

Fija en el horizonte mi pupila,
sin más anhelo que volverle a ver...
volverle a ver para morir tranquila,
estoy aquí mirando anochecer.

Ave feliz, ¡quién como tú pudiera
rauda volar, llegar a esa región,
ir a morir incógnita viajera,
junto a aquel ser que adora el corazón!

¡Oh, si a la orilla de extranjeros mares
puedes llevar un eco de dolor,
cuéntale tú mis ansias, mis pesares,
la inmensidad de mi constante amor!

Ave gentil, piadosa mensajera,
cuéntale mi dolor por compasión,
dile con cuánto anhelo, si pudiera,
fuera tras de ti mi amante corazón.

A un árbol

¡Cómo se eleva tu robusta copa
sin el más leve indicio de desmayo!
Nadie, al verte, adivina que tu tronco
se halla roto y quemado por el rayo.

No me extraña que ostentes
esos ramos tan frescos y floridos:
he visto puras y serenas frentes
que esconden corazones consumidos
por pasiones ardientes.

Rastrera y cineraria

—Aún no ha llegado el invierno
y estás mustia, hermana mía,
¿es que este silencio eterno
te infunde melancolía?

¿Te apena ver trasplantada
tu celebrada belleza
a la fúnebre morada
de la paz y la tristeza?

—No: causa bien diferente
me infunde esta pena intensa:
mi enferma y marchita frente
doblo al suelo... ¡de vergüenza!

¿No ves que la tierra dura
del tiesto que me sustenta
ni una gota de frescura
recibe, y que estoy sedienta?

¿Por qué a regarme no viene
ya, con su llanto fecundo?
¡Ah, su viudez entretiene
con los consuelos del mundo!

Y en tanto, la savia pierdo
junto a la tumba querida,
y simbolizo el recuerdo...
¡y esa alma ingrata me olvida!

Un sarcasmo es mi presencia
en esta santa morada:
soy la mentida apariencia
que burla la fe jurada.

—¡Hermana! Te compadezco,
y al cabo, cuando sucumbas,
yo reemplazarte te ofrezco;
¡yo, rastrera de las tumbas!

Sí: yo que no necesito
del riego de aquellas manos,
y así la inconstancia evito
de los afectos humanos,

me tenderé cariñosa
cual amplio manto de luto
consagrando al que reposa
pobre, pero fiel tributo;

y si fingiendo congojas
vuelve un día arrepentida,
¡ya estará bajo mis hojas
esa lápida escondida!

II

Baile de máscaras

La vida es un gran baile
con antifaces,
en que todos los hombres
usan disfraces;
y en el que todos
se adornan de oropeles,
de varios modos.

Cada cual, con el traje
que bien le viene,
el papel representa
que le conviene;
en él hay farsas,
enredos y aventuras
entre comparsas.

En él dan los poetas
sus sinfonías
poblando los espacios
de melodías;
mas, los poetas
también, como los otros,
llevan caretas.

Baile en que toma entrada
todo el que nace,
y en que es imprescindible
que se disfrace;
y en que bailando

las horas y los años
pasan volando.

En el baile del mundo
nuestra alegría
es traje deslumbrante
de fantasía,
con que cubrimos
la incógnita tristeza
que reprimimos.

Y, cuando entre las turbas
enmascaradas
publica su contento
con carcajadas,
el hombre siente
un dolor en el alma
que le desmiente.

Entonces, envidiando
la dicha ajena,
devora ocultamente
su acerba pena,
y se figura
ser él solo quien sufre
tal desventura.

Desde la edad primera,
la más lejana,
en que se dio a la escena
la historia humana,

toda la tierra
no es más que un gran teatro
que no se cierra.

Nacer hombre

Ella, ¡qué trabajos pasa
por corregir la torpeza
de su esposo! Y en la casa,
(permitidme que me asombre)
tan inepto como fatuo
sigue él siendo la cabeza,
porque es hombre.

Si alguna versos escribe
—«De alguno esos versos son
que ella sólo los suscribe»;
(permitidme que me asombre).
Si ese alguno no es poeta
¿por qué tal suposición?
—Porque es hombre.

Una mujer superior
en elecciones no vota,
y vota el pillo peor;
(permitidme que me asombre)
con sólo saber firmar
puede votar un idiota,
porque es hombre.

Él se abate y bebe o juega
en un revés de la suerte;
ella sufre, lucha y ruega;
(permitidme que me asombre)
ella se llama «ser débil»,

y él se apellida «ser fuerte»
porque es hombre.

Ella debe perdonar
si su esposo le es infiel;
mas, él se puede vengar;
(permitidme que me asombre)
en un caso semejante
hasta puede matar él,
porque es hombre.

¡Oh, mortal!
¡Oh, mortal privilegiado,
que de perfecto y cabal
gozas seguro renombre!
Para ello ¿qué te ha bastado?
Nacer hombre.

Vanidad

En belleza y en recato,
en elegancia y buen trato,
nadie ganaba a Tomasa;
pero pasaban los años
sin que ni amigos ni extraños
dijesen: —¡Al fin se casa!

La buena doña Prudencia,
mujer de mucha experiencia,
siempre que pensaba en ella
decía con suma gracia:

—A esa niña, que es tan bella,
le hace falta diplomacia;
si cuando algún pobre diablo,
como el provinciano Pablo,
osa decirle: —¿Me quieres?,
ella, cual otras mujeres,
dando una respuesta ambigüa,
le mantuviese a su lado,
otro fuera el resultado;
pues la experiencia atestigua
que, en tratándose de amor,
aunque parezca rigor,
el hombre, aquí o en Europa,
procede como cordero:
allá donde va el primero
se lanza toda la tropa.

Un día, (¡bendita hora!)
que la prudente señora
(hablo de doña Prudencia)
oía la confidencia
de un afligido amiguito
a quien su madrastra odiaba,
entró de pronto Agapito,
quien, cuando el mozo, cortado,
se hubo al punto retirado,
la preguntó que pasaba,
y ella, mintiendo a su gusto
aunque con intento justo,
respondió: —Lo que le pasa
es bien triste: el pobre niño
está loco de cariño.
—¿Y por quién? —¡Ay, por Tomasa!
—¿Y ella? —No niega ni esconde
que... también... le corresponde;
pero... Agapito lo oyó
y cuando a solas se vio
dijo para su capote:
—¡Corresponder a ese zote!...
Y concluyó en tono seco:
—Si así fuesen mis deseos
yo, con cuatro galanteos,
desbancaba a ese muñeco.

Y en visitas y reuniones
con sátiras y alusiones
persiguió tanto Agapito
al inocente amiguito,

que este, al creerse desafiado
por un celoso obstinado,
quiso el guante recoger;
¡oh, Prudencia!, ¡qué mujer!

A la semana siguiente
resultó que Tomasita,
ya mentada por bonita,
a falta de un pretendiente
se halló con dos a escoger;
¡oh, Prudencia!, ¡qué mujer!
Tras los dos vino un tercero,
y muy pronto llegó el día
en que Tomasita oía
a cada paso un —«Te quiero».

¿Queréis saber el final
de esta batalla campal?
Es que, triunfante, orgulloso,
y juzgándose dichoso
con el amor de Tomasa,
hoy Agapito se casa;
y es que, este mismo Agapito
que la da de gran perito
en pleitos del corazón,
siempre que encuentra ocasión
de lucir su gran saber,
dice con formalidad:
—*Sólo por la vanidad*
se gobierna a *la mujer.*

***

Cuando niño don Conrado
no tuvo mayor empeño,
ni otra ambición, ni otro sueño
que llegar a ser soldado.

Apenas pasaba el día
y era llegada la tarde,
Conradito repartía
entre la turba infantil;
en cada caña un fusil,
y haciendo ruidoso alarde
de militar disciplina,
marchaban con grande afán
al son del *ra-ta-plan-plán*
de un perol de la cocina.
No hay que añadir que era él
siempre el jefe del cuartel;
pues se pegó tan de veras
a las tales charreteras,
y este juego peligroso
le dejó tal afición,
que hoy, que es ya padre y esposo,
aún le turba la razón.

Una vez, yo no sé cuándo
que se encargaba del mando
de un cuerpo de nacionales,
se le pasó en un oficio
la orden de entrar en servicio
por razones muy formales;
incidente ¡oh, desventura!

que le agravó la locura,
pues conserva tal memoria
de esta su pasada gloria,
que, cuando, como es costumbre,
se habla al amor de la lumbre
de militares campañas,
él, entre grandes hazañas,
cuenta que en esa ocasión
hizo, con tropa cansada,
una gran marcha forzada
de la plaza al malecón.

Y no vayáis a pensar
que esta inocente manía
es el solo resto hoy día
de su afición militar;
no, que honra, hacienda, reposo,
deber de padre y esposo,
hogar, salud, no son nada
hasta no ver realizada
la ambición con que delira,
por la que lucha y conspira.
Su ambición ¿sabéis cuál es?
la misma de su niñez:
la de asombrar a la tierra
con su fama de valiente
y del ejército al frente
ser... ¡ministro de la Guerra!

Y este mismo niño-grande
que quiere dar de balazos

y despachar a sablazos
a quien le chiste o lo mande,
cuando llega la ocasión
de deplorar las rarezas,
los caprichos y flaquezas
del femenil corazón,
demostrando su saber
dice con gran seriedad:
—No es más que la vanidad
el móvil de la mujer.

***

El pobre don Baldomero
que cuando pierde el sombrero
manda a su criado a buscarlo,
pues no puede reemplazarlo,
tiene una corte de ociosos
descarados y viciosos
que, conociéndole el flaco,
hallan el medio sencillo
de dedicarse al dios Baco
a costa de su bolsillo;
y en una sola vigilia
le hacen gastar de una vez
lo que su pobre familia
gastar pudiera en un mes;
que la gran felicidad,
la gran superioridad
de este pobre caballero,
tenga o no tenga dinero,

es hacer gala de él,
y en entrando en un hotel
dar un golpe en una mesa
y gritar: —¡Mozo! ¡Cerveza!

En horas de lucidez
en que la atroz realidad
le presenta la verdad
en toda su desnudez;
cuando de sí mismo duda
al contemplar a su esposa
en cuya cara llorosa
hay siempre una queja muda;
y sin pan y sin abrigo
ve a los hijos de su amor
y es, por la fuerza, testigo
de este cuadro acusador;
cuando cobra la lechera,
cuando apura la casera
y todo es ansia y tormento,
presa de atroz reacción
siente un gran remordimiento;
mas llegada la ocasión,
aunque ve que va al abismo,
nunca tiene el heroísmo
de decir: —«Yo me detengo;
no gasto lo que no tengo»,
y cede a la complacencia
de ostentar magnificencia
y hacer de Rotschild o Creso
él, que nunca tiene un peso;

pues este mismo sujeto
—que existe yo lo prometo—
hablando con sus amigos,
de sus flaquezas testigos,
de achaques del corazón,
con profunda convicción
y un aire de gran saber
dice con formalidad:
—No es más que la vanidad
lo que pierde a la mujer.

¡Oh, cuánto estudio profundo
ha hecho el hombre en este mundo,
hoy, como en otras edades,
por hacernos más felices
descubriendo las raíces
de nuestras debilidades!
¡Oh, laudable caridad!
¡Oh, virtuosa ceguedad!
¡Oh, celo! ¡Oh, abnegación!
De nosotras ocupado
pocas veces ha mirado
a su propio corazón.

El solterón

Por ser libre y vivir sin más negocio
que hacer siempre su gusto, don Teodosio
huyó del matrimonio y sus deberes,
lanzado de la edad a los placeres;

pero al cabo es hoy viejo, y desvalido
al verse de miserias consumido,
tiene que conocer con sentimiento
que aquella libertad es aislamiento;

que en el sostén, a un viejo necesario,
nunca se esmera el brazo mercenario;
que da comodidades la opulencia,
pero no cura la moral dolencia,

y que, por falta de hijos o sobrinos,
al valerse de extraños y vecinos,
quedando a esos favores obligado
hoy se ve más que nunca esclavizado.

Deber, necesidad —no importa el nombre—,
siempre estará ligado el hombre al hombre.
No hay mejor libertad que las prisiones
que encadenan a santas afecciones.

Peregrinando

I

Un sol de primavera
sobre una senda fácil y florida:
tal es el mundo al despertar —tal era
la jornada primera
del viaje de mi vida.
¡Aurora bendecida en que bastaba
para marchar serena
pensar que ser feliz era ser buena!...
¡Ser feliz!, ¡ser feliz!, ¡móvil constante
que nos arrastra en el fatal camino!
¿Quién nos ha prevenido de antemano
que es este el gran secreto del destino?

II

También yo, de mi lira destemplada
las notas quejumbrosas
vengo a mezclar al mundanal concierto.
Un alma delicada
entre esta multitud, se halla tan sola
como pudiera estarlo en un desierto.
Soñar una región más elevada,
amar un ideal y resistirse
a festejar este sainete humano
que danza sobre el fétido pantano;
asfixiarse en el aire nauseabundo
de un bajo, estrecho y miserable mundo,

es ser maltido, odiado, escarnecido;
¡ay de aquel que se aparte
de la infame algazara!...
Se le llama rebelde y renegado
y se le arroja ciénago a la cara...

III

¡Qué horrible procesión la que acompaño!
Sus roncas carcajadas me hacen daño.
Yo no puedo, no puedo
ponerme la careta del engaño
y hacer de esos dichosos un remedo.
¡Cuántos hay que se agrupan a montones
en la encantada orilla
del insondable mar de las pasiones!
En la noche de horror y desamparo
del que se lanza en ese rumbo incierto,
raro será, muy raro,
quien llegue pronto a divisar un faro
que le conduzca al puerto.
¡Cuántos llevan el seno hecho jirones
por la garra feroz del desencanto!
Gastados corazones
lápidas de sus muertas ilusiones
tal vez medio borradas
con un raudal de llanto.

IV

En la cima de un monte solitario
termina mi calvario.
Sentándome en el borde del sendero
con la frente apoyada entre las manos
gozar de paz unos instantes quiero.
Desde aquí vuelvo atrás con la mirada
y en un abismo de dolor me pierdo.
En las nubladas ondas del olvido
se despierta la voz desconsolada
del ángel del recuerdo.
¡Ah!, no es tan fácil como yo creía
idiotizar un alma resignada;
no es fácil afrontar por mucho tiempo
con faz siempre serena,
de un vacío sin término la pena
y de un truncado porvenir la nada.

V

Existe un misterioso sentimiento
que en horas de despecho y desaliento
hablaba en otro tiempo a mis oídos
como voz interior: —«¡Espera, espera!
No juzgues de la historia de tu vida
sin llegar a la página postrera».
¡Ya es tiempo de llegar! Voy trasponiendo
la trabajosa cima;
ya se apaga la luz y el sol se esconde;
la noche se aproxima.

Quiero llamar a la temida puerta
donde sólo el silencio nos responde.
¡Tengo una horrible sed que me devora!
Mi espíritu se baña desde ahora
en esa melancólica frescura;
estoy ansiosa ya de tu reposo,
¡oh, lecho delicioso!
¡Callada sepultura!

Mi epitafio

Vuelo a morar en ignorada estrella
libre ya del suplicio de la vida.
Allá os espero; hasta seguir mi huella
lloradme ausente pero no perdida.

La primera noche en el paraíso

A Margarita Aguirre

Cuando allá en el Edén, la luz del día
comenzó a declinar por vez primera,
y enlutando las cumbres de los montes
llegó la noche misteriosa y negra,
el primer hombre, amedrentado, solo,
tembló de horror entre la sombra densa
pensando que terrible cataclismo
iba a hundir en el báratro la tierra;
mas, cuando, roto el velo de la tarde,
vio encenderse a millares las estrellas,
y la cúpula azul del firmamento
se dilató fosforecente, inmensa;
cuando grupos de soles rutilantes
la iluminaron con su luz serena
descubriendo a sus ojos azorados
la creación en toda su grandeza,
extático de asombro, de rodillas
bendijo la alta noche y sus tinieblas.

¿No será así la vida, breve día
cuya engañosa luz ofusca y ciega?
Mi corazón por el dolor deshecho
se fortifica en esta fe suprema:
¡en vano tiembla el hombre a tu llegada!
Tú abres al alma luminosa senda,
tú eres revelación del infinito
¡oh, muerte!, ¡oh, noche misteriosa y bella!

Recuerdos

Allá en la edad feliz de la esperanza,
cuando mis nobles, íntimos anhelos
hallaban en el mundo indiferente
sólo desdén grosero,
cerrando al mundo con horror los ojos,
de su desdén huyendo,
me refugiaba, muda y dolorida,
en mis calladas noches de desvelo;
y entonces, en el fondo de mi mente,
de la ilusión tras el movible velo,
surgía entre misterios y esplendores
el encantado Edén de mis ensueños.

Allí era yo feliz y me olvidaba
del universo entero:
en raudal de delicias ideales
se bañaba mi espíritu sediento;
que allí todo era paz, todo armonía,
sombra, frescura y celestial misterio.

Hoy que mi helada y muerta fantasía
sólo se viste de zarzales secos,
mustio jardín cuyas marchitas ramas
cubre de polvo el tiempo,
¡qué triste está ese Edén abandonado
cuando a veces lo miro desde lejos!

A veces sí. Cuando con ecos lúgubres
llama a mi puerta el soplo del invierno

trayendo en la mudanza de estaciones
efluvios de otros tiempos,
reviviendo a la vida del pasado,
de mi sopor despierto,
y mi alma vuela a esa mansión querida
de mis antiguos, cándidos ensueños.

¡Qué triste está! De un astro moribundo
lo baña el resplandor amarillento;
ya no brota una flor en sus ruinas,
ni un ave anida en sus medrosos huecos;
los ecos de la vida
no turban ya su sepulcral silencio;
sola, en las tardes tristes del estío
o en las heladas noches del invierno,
sentada en sus escombros,
al son del ronco viento,
ensaya su laúd la melancólica
musa de los recuerdos.

IV

Paisajes

Los cielos resplandecen: en lo más alto
brilla un pálido tinte de azul cobalto.
El rojo anaranjado del occidente
de montes y colinas dora la frente.

La nieve del Tunari, blanco de plata,
ostenta resplandores de oro escarlata;
más bajas que los picos del alto monte,
tendidas en línea del horizonte,
de carmín y violeta franjas brillantes
el ocaso de fuego ciñen gigantes.

Abajo, el ancho valle como un espejo
se tiñe de las nubes con el reflejo;
el verde abrillantado de los ramajes
copia los fuertes tonos de los celajes
y proyecta en los sitios que el sol no alumbra
de siena calcinada roja penumbra.

Entre el cielo y la tierra se abre el espacio
como el pórtico inmenso de un gran palacio,
dando paso a la pompa del sol poniente
que, tras de las montañas, hunde su frente.

¡Oh, artistas, que prendados de su belleza
copiáis la esplendorosa naturaleza!
¿No os preguntáis a veces por qué escenario
tan bello y tan grandioso fue necesario,
decorado con tanta magnificencia

para este triste drama de la existencia?
En el físico mundo, todo armonía,
¿qué es la vida?, ¡miseria!, ¡sueño de un día!

En presencia de un cielo resplandeciente
a las humanas luchas indiferente,
yo, cerrando los ojos a sus bellezas,
me sumerjo en la noche de mis tristezas.

Cuando el sol moribundo y entristecido
se aleja a otro hemisferio desconocido,
y el fulgor del ocaso desaparece,
y el matiz de las nubes se desvanece,
y allá en las lontananzas que el viento esfuma
todo se va borrando bajo la bruma,
entonces, sólo entonces, hallo armonía
entre el cielo y la tierra y el alma mía.

¡Oh, faro de los tristes! Pálida luna,
sólo tu luz helada no me importuna,
amo tu indescriptible melancolía
que con mis sentimientos guarda armonía...

En el campo

¡Qué noche! El techo que escuda
mi solitario aposento
cruje al soplo que lo abate;
y desde mi asiento, muda,
oigo del agua y el viento
el prolongado combate.

Mas, ya cesa; lentamente
callan los lúgubres ecos
de la tempestad lejana.
Ya sólo se oye al torrente
que entre los pedrosos huecos
gime al pie de mi ventana.

Contra los vidrios, afuera,
presa en la peña musgosa
que forma rústico banco,
la débil enredadera
tiembla empapada y llorosa
sobre el oscuro barranco.

En la fragosa quebrada
murmullos hondos, sombríos,
van ya cediendo en violencia,
y la lluvia sosegada
se escurre por los bajíos
con monótona cadencia.

Yo sola en pie permanezco;
yo sola en toda la casa
que la oscuridad rodea;
a intervalos me estremezco
al ver vacilar la escasa
luz, que junto a mí flamea.

Nervioso desasosiego
turba con terrores vanos
vagamente mis sentidos,
y en el lúgubre sosiego
pienso que escucho lejanos,
pavorosos alaridos.

¿Qué dice el viento en su vuelo
trayéndome del pasado
el eco desvanecido?...
—¡Morir! ¡Oh, triste consuelo!
¡Morir sin haber amado,
morir sin haber vivido!

Negro espectro de la nada
que te alzas en los rincones
y llegas pausado y ledo,
sombra doliente y callada
de mis muertas ilusiones
no vengas, que tengo miedo...

Mañana, cuando la aurora
con su luz brillante y pura
bañe la vega lozana,

llena de horror, como ahora
me oprimirá la negrura
de mi noche sin mañana.

Nubes y vientos

Del sol del verano los rayos de fuego
calcinan la tierra,
las horas transcurren, y en lenta agonía
se abrasa y consume la mustia pradera.

En la árida playa del próximo río
tan sólo hay enjutas y ardientes arenas;
vapores que se alzan de un fétido estanque,
brillando a lo lejos titilan y tiemblan.

En todo el espacio que abarca la vista
ni un alma se mueve, ni un eco resuena.
¡Qué paz y qué tedio! Solemne el paisaje
de un gran cementerio la calma remeda.

De pronto, en la línea del ancho horizonte
blanquísima nube surgiendo ligera
se agranda, se extiende, y en pocos instantes
entolda la esfera.

La atmósfera ardiente palpita de gozo
y el leve murmullo de brisa indiscreta
en prados y bosques esparce el anuncio
de próxima fiesta.

La anuncian distantes los ecos confusos
del viento que vuela;
sutil, diligente, retoza en el prado,
se lanza a la aldea,

recorre las calles, tropieza en los muros,
sacude las puertas,
y en calles y prados exclama triunfante:
¡Ya vienen! ¡Ya llegan!

Y plantas y flores sacuden el polvo
y al goce se aprestan,
y en tanto, en la nube que entolda el espacio
retumba la orquesta.

Turbión de agua y viento que anubla el paisaje
con loca algazara chillando se acerca,
y al soplo pujante se agita confusa
la vasta pradera.

Turbión de agua y viento que arrastra en sus giros
ramajes y flores, guijarros y arenas,
y en pocos instantes, sembrando el desorden,
transforma la escena,

flexible y gozosa se entrega a su impulso
la inquieta arboleda,
y molles y sauces ensayan la danza
tendida a los aires la gran cabellera.

Los troncos añosos, el bárbaro empuje
resisten apenas
con secos gruñidos, de bosques y prados
la suerte lamentan:

—Parad, piedrecillas de la árida playa,
¿sabéis, revoltosas, a dónde se os lleva?
¿Queréis ver mañana cubierta de escombros
la hermosa pradera?

Las flores que al borde del fétido estanque
lucieron sencillas su blanca inocencia
¿qué harán si ese fango se agita y rebosa
de miasmas malsanos llenando la tierra?

Al ave que el nido colgó de la rama
¿qué suerte le espera?
¿Qué hacéis, insensatos, trastorno y desorden
sembrando doquiera?

Y el viento, aturdido, con risa estridente
responde a sus quejas;
y en tanto en la nube que entolda el espacio
retumba la orquesta.

La danza prosigue. Mil gritos de orgía
se apagan por grados... La noche comienza...
y el campo, cubierto de fango y destrozos,
se envuelve en tinieblas.

***

¿Qué fue de las aves, que fue de las flores,
que fue de la hermosa fecunda pradera?...
Tras noche de horrores se ve como siempre
surgir la mañana brillante y serena.

Vistiendo ropaje de frescos matices
las ramas se cubren de brotes y yemas.
El campo renace luciendo sus galas,
¡sus galas eternas!

Tal es ¡oh, misterio! la ley de la vida
que todo renueva,
que el viento y la nube son fuerzas que a un tiempo
destruyen y crean.

Mas ¡ay! que esa aurora transcurre cual otras,
la pálida tarde de nuevo se acerca,
y exhala en el fango confusos gemidos
el alma doliente de flores ya muertas.

—Vosotras que, erguidas, alzáis a los cielos
la frente serena
¿sabéis por ventura qué suerte os aguarda,
sabéis por ventura lo que es la existencia?

¡Ah, triste el destino que cupo a las flores!
Felices las piedras,
felices las rocas que ignoran la vida,
que sienten apenas.

También cual vosotras ufanas un día
pasamos las horas forjando quimeras;
mas ahora... ¿qué somos?, despojos humildes
que abonan el surco que el germen sustenta.

Brotar de la nada, sentirse inmortales,
soñar unas horas... volver a la tierra...
¡Oh, ley misteriosa! Continua mudanza,
¿cuál es tu grandeza?

Si el íntimo anhelo, perfume del alma
que sube a la esfera,
no alcanza otra vida; si sólo es engaño,
si sólo es quimera,
¡maldita mil veces!, ¡oh, Madre! ¡oh, Natura!
¡maldita mil veces tu vana tarea!

Poeta

En la ruidosa fiesta del trabajo,
de nuestro siglo en la grandiosa escena,
en medio de ese caos que se llama
«lucha por la existencia»,
un personaje exótico aparece
extraño a los negocios de la tierra.
Es su porte modesto al par que altivo,
y hay en su frente un sello de grandeza:
ni la risa del necio lo confunde,
ni del rico la vana suficiencia,
al pisar el umbral de los salones,
quizá por vez primera,
ostenta en sus modales
la distinción de incógnita nobleza.
—¿Quién es?
—El mismo que haraposo un día
cruzó las playas de las islas griegas,
cuyos divinos cantos,
fragmentos de una espléndida epopeya,
arrojados al viento de los siglos
son de su genio la inmortal herencia.
El mismo que en los campos de la Galia,
peregrino, en las noches de tormenta,
cansado y aterido,
del hogar patriarcal llamó a la puerta;
y acogido con franca simpatía
tras de sabrosa cena,
encantó a sus oyentes con tiernísimas
baladas y leyendas;

y ante los muros del feudal castillo,
desafiando la furia de los déspotas,
pulsó el laúd, vibrante y melancólico,
de la oculta beldad junto a la reja.
Es el desheredado del destino
que en su errabunda y singular carrera
va recogiendo lauros —siempre el mismo—
a través de los siglos y las épocas.
En cambio del laúd y de la lira,
por doquiera que va, consigo lleva
un álbum —su tesoro— más valioso
que todos los tesoros de la tierra.
Hay en su pecho un fuego misterioso:
el fuego de la Idea.
¡La Idea! Sentimiento sublimado
que en el cerebro la razón condensa
y en el claro raudal de la palabra
brota llenando páginas excelsas.
Mas, para que esa llama sacrosanta
en su potente corazón se encienda,
es preciso que apure de la vida
las heces más acerbas;
que conozca del hórrido infortunio
las escabrosas sendas;
que sus riscos y abrojos le lastimen,
que sus choques y obstáculos le hieran.
¡Eso es la inspiración! Flor misteriosa
que sólo exhala su divina esencia
después de las terribles sacudidas
de tempestad violenta...
Esa es la obra del Arte: sacro fuego

que devorando crea;
crepitación de un alma hecha pedazos,
sangre del corazón, ¡eso es la Idea!

¡Oh, bardo del dolor! Llegas a tiempo:
pulsa el laúd, alza la voz profética;
de las grandezas de la edad presente
muestra la falsedad y la miseria.
Lamenta los secretos angustiosos
de esa infeliz generación decrépita
que, ahogando el malestar que la devora,
se muestra satisfecha
de los triunfos risibles
de la industria y la ciencia...
También tú, tributario de este siglo,
tienes el alma y la conciencia enfermas.
¡Poeta del dolor! Llegas a tiempo.
Cantor de la verdad, ¡pulsa esa cuerda!...

Quo vadis?

Sola, en el ancho páramo del mundo,
sola con mi dolor,
en su confín, con estupor profundo
miro alzarse un celeste resplandor...

¡Es Él! Aparición deslumbradora
de blanca y dulce faz,
que avanza, con la diestra protectora
en actitud de bendición y paz.

Inclino ante Él mi rostro dolorido
temblando de ternura y de temor,
y exclamo con acento conmovido:
—¿A dónde vas, Señor?

—La Roma en que tus mártires supieron
en horribles suplicios perecer
es hoy lo que los césares quisieron:
emporio de elegancia y de placer.

Allí está Pedro. El pescador que un día
predicó la pobreza y la humildad,
cubierto de lujosa pedrería
ostenta su poder y majestad.

Feroz imitador de los paganos,
el Santo Inquisidor
ha quemado en tu nombre a sus hermanos...
¿A dónde vas, Señor?

Allá en tus templos donde el culto impera,
¿qué hay en el fondo? O lucro o vanidad.
¡Cuán pocos son los que con fe sincera
te adoran en espíritu y verdad!

El mundo con tu sangre redimido,
veinte siglos después de tu pasión,
es hoy más infeliz, más pervertido,
más pagano que en el tiempo de Nerón.

Ante el altar de la deidad impura,
huérfana de ideal, la juventud
contra el amor del alma se conjura
proclamando el placer como virtud.

Las antiguas barbaries, que subsisten,
sólo cambian de nombre con la edad;
la esclavitud y aun el tormento existen,
y es mentira grosera la igualdad.

¡Siempre en la lucha oprimidos y opresores!
De un lado, la fortuna y el poder,
del otro, la miseria y sus horrores;
y todo iniquidad... hoy como ayer.

Hoy como ayer, los pueblos de la tierra
se arman para el asalto y la traición,
y alza triunfante el monstruo de la guerra
su bandera de espanto y confusión.

Ciega, fatal, la humanidad se abisma
en los antros del vicio y del error,
y duda, horrorizada de sí misma...
¿A dónde vas, Señor?

Fin de siglo

¡Avanza, humanidad! Tu vasto imperio
explica la razón de tu optimismo,
no te espanta, en el borde del abismo,
de terribles problemas el misterio.

Del dolor bajo el rudo cautiverio
tienes como refugio el alcoholismo;
sus tragedias te brinda el anarquismo,
sus romances de amor el adulterio.

¡Avanza! Que si el mundo se desquicia
en honor del derecho y la justicia
marchas a conquistar... la paz armada.

Y la ciencia admirable y bendecida
te da, tras los tormentos de la vida,
el horrible consuelo de la nada...

V

¡Solo en el mundo!

I

No lejos de una granja pintoresca
y en el confín de un prado,
un solitario sitio se encontraba
de cabañas y huertos apartado.
Sombrío y melancólico, a la puerta
de abandonada choza,
un sauce allí, mirado desde lejos
sobre aquellos escombros, parecía
mudo guardián de una olvidada losa.
Solo en el mundo, huraño y pensativo,
bajo su sombra un cazador un día
grabó sus iniciales
en su corteza, y al través del tiempo
el tronco aquel guardaba las señales.
¿Cual fue su objeto? ¿A quién se dirigía
la cifra misteriosa?
¡Quién sabe! En tanto, el sauce parecía
mudo guardián de una olvidada losa.
Después, cuando en las tardes de diciembre
ya moribundo el sol resplandecía
sobre la tierra de frescor sedienta,
y en las nubes del sur, sorda y tardía,
como en alma inocente la ternura
temblaba la tormenta,
en ese mismo tronco reclinada,
mostrando en la mirada
la sombra de mortal melancolía,

ella, pasaba en éxtasis las horas;
hasta que se apagaba atrás del monte
la luz, sumida en lánguida tibieza,
y la noche por fin la sorprendía
cubriendo el horizonte
de funeral tristeza.
Entonces, abismada en sus ensueños,
tornando a la pradera, paso a paso,
avanzaba en las sombras lentamente
bajo el fulgor postrero del ocaso.

II

Era en el campo, en una hermosa noche:
ante una casa se detuvo un coche
y una puerta se abrió,
y una mujer de aspecto venerable,
presa de una ansiedad inexplicable,
bajo el dintel de pronto apareció.

Dos jóvenes bajaron del carruaje
vestidos de uniforme y ya de viaje,
y la abrazó el más jóven de los dos...
Ambos marchaban juntos a la guerra,
y a los seres que amaban en la tierra
era ya tiempo de decir adiós.

Un hijo de su madre se apartaba.
La anciana entre sus brazos sollozaba
y le estrechaba, amante, al corazón.
Todo el dolor de tan supremo instante

se pintaba del hijo en el semblante
que ocultar procuraba su aflicción.

Pasaron los abrazos cariñosos:
callaron los suspiros y sollozos;
rápido el coche se llevó a los dos,
y mirando el asilo de su infancia
el joven aún juzgaba a la distancia
de su madre escuchar la triste voz.

Su compañero en tanto
no dio señales de emoción, ni el llanto
a sus sombríos ojos asomó.
Al ir como al volver, en el camino,
de la luna al reflejo blanquecino
impasible su rostro se mostró.

Callaba; pero en medio de su calma,
en el hondo silencio de su alma,
con íntimo dolor pensaba así:
—«Solo estoy de la vida en el desierto.
Si por nadie, al partir, lágrimas vierto,
nadie vierte una lágrima por mí».

«Él, que tiene una madre que le quiere,
volverá a ser feliz, y, si es que muere,
habrá quien llore sin cesar por él.
Si vuelve, y ella ha muerto, ante su losa
se postrará con alma cariñosa
depositando en ella su laurel».

«Mas yo, ¡ni hogar ni tumba... nada mío!
—Ave sin nido— siempre en el vacío
me dejará, al pasar la tempestad...
¡Quién podrá creer que en mi indolente vida,
en esta hora fatal de la partida
me pese, más que nunca, la orfandad!».

III

En la rápida vertiente
de una encañada profunda,
se lanza y ruge un torrente
que el angosto lecho inunda
cuando llega la creciente.

En esas cimas se enredan
plantas de belleza extraña.
Cimas que se abren y ruedan
con estruendo, que remedan
los ecos de la montaña.

En medio de la rareza,
de la espléndida belleza
de aquel abrupto paisaje,
todo respira tristeza,
todo es agreste y salvaje.

Arriba, faldas desiertas,
estrechas sendas abiertas
por los rudos leñadores,
sendas de abrojos cubiertas
y de raquíticas flores:

Abajo, rocas inmensas,
carcomidas, y suspensas
sobre las aguas del río,
formando grutas extensas
do reina un húmedo frío;

melancólicos rumores
y misteriosos murmullos,
y acres y fuertes olores
de desconocidas flores
y solitarios arrullos:

pájaros de otras regiones
que en algunas estaciones
vienen de un clima lejano,
cuyas remotas canciones
nunca se oyen en el llano.

En aquel rincón distante
sobre el valle suspendido,
cual amenaza constante
de un demonio vigilante,
se sintió un ronco ladrido:

el de un can hosco y rabioso
que, el inocente reposo
turbando del campesino,
de terror supersticioso
llenaba el campo vecino.

Rústico techo apoyado
en un flanco desgarrado
de la escarpada pendiente:
sobre un peñón azotado
por las aguas del torrente,

tal, distante de otras chozas
y de toda huella humana,
tras de vallas espinosas
era, entre matas frondosas,
la casucha de una anciana.

Espectro de la montaña
cuya vida era un arcano,
que a toda afección extraña
moraba, dura y huraña,
sin hijo, esposo ni hermano.

¿Qué hacía a solas?, ¿qué hacía
allá en su nido medroso,
cuando a torrentes llovía
y la creciente embestía
con un fragor espantoso?

Cuando, tras hondo estampido,
su noche de negro olvido
rasgaba un rayo brillante,
¿nunca se postró un instante
ni hubo en su seno un latido?

Espectro de la montaña
cuya vida era un arcano,
cuya salvaje cabaña
guardaba la égida extraña
de algún poder sobrehumano.

***

¡Cuánto tiene de envidiable
esa paz inalterable
de que disfruta el labriego,
bajo un techo miserable
y en torno de un pobre fuego!

Resignado a cuanto existe
su ignorancia lo mantiene:
y en este mundo, el más triste
afán del hombre consiste
en ansiar lo que no tiene.

Libre de amarga vigilia
y de inquietudes y penas,
allá la esposa concilia
los cuidados de familia
con las campestres faenas.

Que en ese asilo risueño,
desde el labrador anciano
hasta el pastor más pequeño,
todos, con igual empeño,
ganan el pan cotidiano.

Y así las horas dichosas
se deslizan a la sombra
de pabellones de rosas,
de las malvas olorosas
sobre la fácil alfombra...

Mas ¡ay! que nubes fatales
manchaban ese horizonte;
de manejos infernales
presagio cierto de males
era una guarida el monte.

Cuando la vieja importuna
bajaba del precipicio,
las chozas, una por una,
temblaban a la fortuna
temiendo algún maleficio.

Nunca su mano huesosa
mostró a esa gente medrosa
sin recibir un tributo:
nunca se asomó a una choza
sin dejarle llanto y luto.

Jamás se vio a los pastores
ni a los fuertes leñadores,
al trepar por la montaña,
pisar los alrededores
de su temida cabaña.

A esto sólo se atrevía,
cuando apelaba a su ciencia,
quien una prenda perdía
o de un amante sufría
la obstinada indiferencia;

que toda dolencia oscura
o aberración, o locura,
o desamor entre esposos,
eran influencia segura
de sus filtros misteriosos.

Sólo un ser, —la hija piadosa
del patrón, que en la pradera,
vagaba de choza en choza
solícita y bondadosa,
maestra y juez y hasta enfermera,

de valor haciendo alarde,
de aquella gente cobarde
despreciando la conseja,
iba a veces en la tarde
a dar limosna a la vieja.

Un día, a fines de mayo, —
mostraba cierto desmayo
el verdor de la pradera.
Brillaba al poniente un rayo,
rojo como el de una hoguera;

A la sibila del cerro
visitaba en su destierro
la joven, como solía,
y entre la anciana y su perro
sus limosnas repartía.

De pronto la extravagante
vieja, turbado el semblante,
con ademanes de loca,
miró al ocaso un instante
de pie, en lo alto de la roca.

—¿Ves, niña ? ¡El destino es ciego!
Dijo, y lanzó un alarido.
¿Ves esa nube de fuego?
¡Esa es la batalla! Y luego
añadió: ¡Nos han vencido!

***

¿Por qué, si siempre hizo alarde
de despreciar la conseja
de gente simple y cobarde,
la impresionó aquella tarde
la predicción de la vieja?

IV

Ya las brisas otoñales
soplan húmedas y heladas,
que el invierno llega al fin,

y aún florecen los rosales
protegidos por las tapias
del jardín.

Lindas flores destinadas
a coronar la victoria
de los hijos de la patria
que marcharon a la gloria.
¡Ay, la gloria que alcanzaron
fue la gloria de morir!
¡Tristes flores, hoy regadas
en la fúnebre capilla
conmemoran el desastre
al pie de una cruz sencilla!
¡Quién lo hubiera imaginado
cuando se les vio partir!

Muchos fueron
los que en el campo cayeron.
Las plegarias de una madre
escuchó Dios,
y volvió el hijo querido;
mas su hermana inclina al suelo
su semblante dolorido:
¡El ángel de la esperanza
le ha dado un secreto adiós!
¿Quién hubiera adivinado,
triste niña que ocultabas
un amoroso secreto,
cuando a verlos te negabas
la noche de su partida

temiendo desfallecer?
¿Quién hubiera imaginado
que dejaba tus umbrales
para no volverle a ver?

V

En la línea que marca el horizonte,
de la alborada el resplandor se anuncia.
Pálidos ya los astros centellean
del infinito en la quietud profunda.
El campo está sumido en el silencio
bajo el diáfano velo de la bruma;
y en el espacio, inmenso, se levanta
un astro más hermoso que la luna.
¡Despertad a la vida,
oh, venturosas almas,
las que abrigáis, para soñar despiertas,
el ensueño feliz de la esperanza!
¡Qué triste brilla para ti, qué triste,
la luz de la mañana,
corazón que despiertas en la tumba
sobreviviendo a todo lo que amabas!

Dos años han pasado
desde el aciago día:
dos siglos de tormentos
para la triste niña.
Esfuerzos sobrehumanos
por mostrarse serena a su familia.
Horas de soledad, mares de llanto,

plegarias al Señor, días tras días,
nada a borrar alcanza la memoria
de su perdido amor —su única vida.
Allí estaba encerrada en su aposento
tras de leves cortinas,
tendida, inmóvil, muda,
cual sombra en un sarcófago dormida.
La luz, en las tinieblas avanzando,
proyectaba una lánguida penumbra
que dibujaba apenas los contornos
de aquella dulce y pálida figura.

Ella, la que aturdida y bulliciosa
retozó en otro tiempo en la pradera,
ostentando los tintes de las rosas
en la mejilla tersa,
marchita ya, sobre la faz mostraba
en su expresión de postración suprema,
de las íntimas luchas del espíritu
la prematura huella.
Con los ojos sombríos y cerrados,
con la cabeza hundida en la almohada,
era el pálido lirio, deshojado
sobre el gélido manto de la escarcha.

No hay hora más solemne
que esa del despertar, en que el silencio
filtra en el corazón, gota por gota,
la hiel de los recuerdos.
Sobre su sien purísima
vagaba adormecido el pensamiento,

y empezaba a mostrarse estremecida
cual si un soplo de hielo
fuese avivando las hirientes chispas
de la apagada hoguera de su pecho,
hasta alzarse asombrada y conmovida
del fondo de su sueño.

¿Qué había soñado ¡oh, Dios! que se sentía
más que nunca infeliz y desolada?
¿Qué brillo inusitado y misterioso
coronaba el fulgor de la mañana?
Miró en torno de sí con extravío,
y, envuelta en amplia bata,
dejó el lecho, y cruzando el aposento
abrió de par en par una ventana.
Al fondo del magnífico paisaje,
brillante y soberano,
gigante y majestuoso
alzábase el cometa en el espacio.

¡Oh, viajero incansable de los siglos,
errante siempre en tu ignorado rumbo,
que te has dejado ver por un instante
en el dintel del mundo!
¡Te vas! ¿A verte acaso volveremos
los pobres habitantes de la tierra?
Verte una vez es abrigar por siempre
blanca ilusión, tu celestial tristeza...

Ante esa aparición deslumbradora
que nunca hubo soñado,

con sencilla expresión de arrobamiento,
juntando las dos manos,
la joven quedó absorta y, lentamente,
de lágrimas sus ojos se arrasaron.

¡Ay! Esa luz tristísima y serena
le hablaba en su mortal melancolía
de un algo de otro tiempo,
sombra de una existencia ya perdida,
que dulce y vagamente
al través del espacio le decía:

«Aquí estoy, aquí estoy. Sé que me amabas,
y desde aquí te miro,
y desde aquí comprendo
cuánto por mí has llorado y has sentido».

Muchas veces aún vióse al cometa
en dirección de la oriental colina
brillar primero esplendoroso, y luego
irse borrando al aclarar el día.
Muchas veces aún, en su ventana
la solitaria niña
lo contempló, pensando
en su perdido amor —su única vida.

Pero es cruel al par que compasivo
en su poder el tiempo:
nos arrebata todo —hasta las penas
que mantener eternas prometemos.

Cesó al fin de llorar. Mudos los labios,
resignada la faz, los ojos secos,
era una bella estatua. Parecía
que al derrumbarse el colosal ensueño
había obstruido y cegado con escombros
el manantial de su hondo sentimiento.

¡Todo acabó! Como la gota lánguida
que vibra al extinguirse una armonía,
clara gota de llanto
filtración escondida,
bajo la dura roca de su pecho
triste un recuerdo alguna vez gemía,
tímido y tembloroso,
en el fondo dormido de su vida...

Pero, encerrado en la fingida calma
que se impusiera el corazón ya frío,
vibraba un solo instante, y, moribundo,
callaba luego ese postrer latido.

Eso es vivir. —Ser fuerte, ser discreta,
aprender a perder una esperanza,
renunciar con valor a un imposible
y volver la mirada
a otra esperanza que, tal vez con llanto,
será forzoso abandonar mañana.

Cuando en el campo mustio y melancólico
un soplo asolador todo lo seca,
la vida, el esplendor y la alegría

parecen extinguidos en la tierra;
pero tras largos meses de letargo
se anuncia un tibio sol de primavera
que reanima los gérmenes ocultos
en que todo renace y se renueva.

Germen que tarde muere es la esperanza:
y así, en las almas jóvenes,
no mata el infortunio para siempre
las gratas ilusiones.

Era ella niña al fin —¿quién, en su caso,
no llora y gime? Pero ¿quién no olvida?
Lloró, gimió; mas, transcurriendo el tiempo,
llegó por fin un día
en que latió su corazón a impulsos
de un nuevo amor y conoció la vida.

Así cruzó este mundo,
astro lanzado en la infinita esfera,
cada vez más opaco y más distante
y oculto al fin en su perdida huella.
¡Así pasó el recuerdo de aquel hombre
y acabó de borrarse
hasta en el alma fiel y dolorida
de la mujer amante!

¿Quién supo si ese humilde a quien la patria
expuso del combate al golpe ciego,
hubiera sido un día
orgullo de su suelo?

¿Quién supo si los íntimos papeles
que destruyó en secreto,
la víspera fatal de su partida,
eran la herencia espiritual de un genio?

Solo en el mundo, el infeliz soldado
ni hermanos tuvo, ni amorosos padres
que fuesen a buscar en el desierto
la piedra helada en que regó su sangre.
La historia sólo cuenta las hazañas
que honraron a los grandes generales...
¡Murió desconocido
como suelen morir los inmortales!

Loca de hierro

I

Llamaron a mi puerta una mañana;
la abrí y era una joven. Su recuerdo
acudió de repente a mi memoria
y hallé su rostro idéntico.
—¡Tula! —exclamé; y ella exclamó: ¡Teresa!
Y nos unimos en abrazo tierno.
Asociadas bien pronto en el trabajo,
cosiendo con empeño,
en mi estrecho taller desmantelado
durante un largo invierno,
muchas veces, mirando aquella cara
y aquellos ojos negros,
me dije con asombro: —¿Esta es la niña
que conocí en colegio?
Jamás le hablé, jamás de su pasado.
Respeté su secreto.
Habíanme contado que entró un día
loca en el hospital, pero que luego
degeneró el acceso en la manía
de la inmovilidad y del silencio;
que pasó muchos días y aun semanas
negándose a probar el alimento,
muda, petrificada,
en la misma actitud, mirando el suelo.
Que, conmovidos ante aquella estatua
los practicantes todos, y aun los médicos,
luchando en vano por domar la fuerza

de su capricho fiero,
la miraron con pena, y la llamaron
«Loca de hierro».

II

¡Cuántas veces, ya risas, ya gemidos
llegando hasta mi pobre habitación,
el agitado oleaje de la vida
me conmovió!
¡Cuántas, en los albores de una fiesta,
viniendo mi trabajo a inspeccionar
un grupo de locuaces señoritas
de mi quieto taller turbó la paz;
y cuántas, una amiga desgraciada
sintiendo ya estallar su corazón,
en confidencia acaso inopinada
su terrible secreto me contó!
Entre tanto, mi extraña compañera
impasible y callada en un rincón,
sorda como una estatua, proseguía
absorta en su labor.
Ya fuese esta labor una mortaja,
ya una gala nupcial,
cual máquina insensible
la vi días tras días trabajar.

III

Una tarde, acabada la tarea
cogió su manto ya para salir,
cuando un criado me entregó en silencio
pequeña carta que decía así:

«¿Qué piensa esa mujer? ¡Alma de hiena!
¿Su orgullo es tan feroz?
Ni el saber que está malo la conmueve,
no tiene corazón.

Hacen ya dos semanas que no duermo,
se me acaba el valor.
¿Por qué no cumple su deber? Teresa,
convéncela, ¡por Dios!».

Guardé la carta, penetré en la pieza
y con pausado acento de amistad:
—Tula —dije—, tu padre se halla enfermo,
vuelve a tu hogar.

Miróme fríamente, y, sin violencia,
sin odio, sin dolor.
—No tengo hogar, ni padre, ni familia;
me contestó.

Yo, disgustada, abandoné la pieza,
ella prendióse el manto, y al salir
me lanzó una mirada y, lentamente,
vino hacia mí.

—No me exijas que vaya, lo he jurado.
—Pero ¿por qué, por qué?
Sonrió con amargura y luego dijo:
—Ahí te lo contaré.

IV

El hielo estaba roto. Al otro día
solas las dos,
dejó la aguja, meditó un momento
y así empezó:

V

Al pie de la montaña, entre las breñas,
sostenida por áspero peñón,
hay una casa que domina el valle
desde un antiguo y único balcón.

No lo puedo olvidar: era en diciembre
la noche aquella en que llegué, y allí,
rendida a la emoción y a la fatiga
cerré a solas mi puerta y me dormí.

De bulliciosos gansos y gallinas
el agudo concierto matinal;
el monótono estruendo de un molino
y el murmullo sonoro de un raudal;

un sol que al penetrar por las rendijas
difunde fresco aroma de arrayán;

un rebaño de ovejas que se lanzan
en confuso tropel por un zaguán;

la caricia violenta y reprimida
de un perro que ha dejado de ladrar;
alguien que llega y baja del caballo,
voces, trajín. ¡Qué hermoso despertar!

¡Qué hermoso despertar! Hallé la vida
bella y feliz por la primera vez,
y olvidé las penosas impresiones
de mi triste niñez.

Yo, pobre niña, fruto del pecado
llamada a aquel hogar,
muerta la altiva esposa de mi padre
yo la iba a reemplazar.

Dejaba un niño, hermosa criatura
a quien pronto adoré,
prodigarle tiernísimos cuidados
mi afán, mi dicha fue.

Todo lo hallaba allí. Felices días
que nunca volverán,
todo lo que hasta entonces me faltaba:
¡ternura y pan!

El ave que ha nacido prisionera
al dejar de improviso su prisión
atónita contempla, del espacio,

la luz y la extensión.
Yo así, saliendo al campo esa mañana
con vacilante pie
desde un pedrón, encima del abismo
¡con qué asombro el paisaje contemplé!

Inmenso como un mar, bajo la niebla
que empezaba a teñirse de arrebol,
el valle alborozado despertaba
a las caricias del naciente sol.

Las cumbres, bajo el fondo
del infinito azul,
se alzaban coronadas de jirones
de vaporoso tul.

Abajo, los rumores de la vida,
arriba la salvaje soledad:
todo es grandioso allí, todo respira
salud y libertad.

Tú que conoces mi niñez ¿comprendes
la celestial fruición
con que aspiré las auras perfumadas
de esa feliz mansión?

Hallar familia, hogar, hallarlo todo,
y en cambio, el noble y único deber
de velar por un niño cariñoso
al que es preciso amar y proteger...

En ese agreste asilo
bello rincón del paraíso —allí
en la edad más dichosa de la vida
le conocí.

Sabes a quién aludo. —Pobre y huérfano
buscó la protección
de mi padre, y la halló, porque el anciano
le amó con singular predilección.

Y era no obstante escéptico. En su frente
se dibujaba, de su eterno mal,
de su incurable tedio de la vida
la primera señal.

Trabajando en la hacienda de mi padre,
era todo a la vez:
ya vendedor de granos en las ferias,
ya agricultor, viajero o montañés.

¡Cuántas veces, calado hasta los huesos
en noches de aguacero y tempestad
por fragosas veredas, a caballo
llegó de la montaña a la ciudad!

Yo admiraba su noble fortaleza
su gracia varonil,
jamás he visto un rostro más sereno
ni un alma más viril.

Huraños al principio,
nos tratamos después
como dos camaradas, con ingenua
y amable sencillez.

A veces, de su vida aventurera
queriendo descansar,
jugando con el niño disfrutaba
de los tranquilos ocios del hogar.

Prendido en la meseta que sostiene
la casa, sobre el áspero peñón
se alza un esbelto ceiba que, en los aires,
extiende su frondoso pabellón;

al borde del abismo, en sus raíces
sentados ambos dos,
yo escuchándole absorta, él, a mi lado,
leyendo en alta voz,

pasábamos las horas —gratas horas
de dulce languidez,
mi padre allá en la casa silenciosa
y el niño jugueteando a nuestros pies.

Arriba, en el zarzal de la montaña,
gimiendo la torcaz;
abajo, en el raudal que va al molino,
himno sonoro de ventura y paz.
El himno de las ondas del torrente
de la incansable cítola al compás.

¡Oh, mañanas brillantes y serenas,
tardes nubladas, días de ilusión
en que empecé a sentir ese inconsciente
risueño despertar del corazón!

Él sospechó mis ansias, pero nunca
me habló de amor; mas se dejó llevar,
tal vez sin advertirlo,
del grato impulso de dejarse amar.

Una vez se ausentó por mucho tiempo,
y en aquella ocasión
en el vacío inmenso de su ausencia
medí la intensidad de mi pasión.

Laura, elegante y celebrada entonces,
en el verano aquel
fue a visitarme al campo, con alardes
de amiga antigua y fiel.

Su trato me encantaba y seducía.
Su gran penetración
y afán por adueñarse del misterio
de cada corazón,
lo comprendo aunque tarde, era el secreto
de aquella seducción.

La inquietud de mi espíritu
no tardó en conocer:
¡fue así que se interpuso en mi camino
esa fatal mujer!

Era una noche espléndida en que a solas
abrimos el balcón;
me interrogaba. —Prorrumpí en sollozos
y le abrí todo entero el corazón.

¡Todo se lo conté! —Mis hondas ansias
que en vano ya tratara de ocultar
a los ojos de aquel cuyo cariño
no esperaba alcanzar.

Su existencia de azares y aventuras,
su audacia sin igual
y su gran descreimiento que era causa
de su tedio amarguísimo y mortal.

Terminada mi larga confidencia,
dijo con sencillez
que le era muy simpático y que ansiaba
conocer a mi extraño montañés.

¡Oh, cuán incauta fui! Llegó él un día
y pude, desde luego, comprender
que estaba yo tejiendo los laureles
del triunfo vil de esa fatal mujer.

Su hermosura era aquella que en los hombres
ejerce más poder;
esa hermosura que habla a los sentidos
y que hace enloquecer.

Tras breves días de embriaguez dichosa
la siguió a la ciudad.
Ella se fue sonriendo. Ya comprendes
cuál fue entonces mi horrible soledad.

Honda desolación cubrió mi vida;
cuando mi angustia mitigar logré,
en el amor de mi pequeño Edmundo
me refugié.

¡Pobre ángel mío! Muda y dolorida
contra mi pecho le estrechaba yo,
con su charla inocente y sus caricias
un bálsamo en mis penas derramó.

Él regresó, pero se fue de nuevo,
¡tal era la atracción de aquel imán!
Yo al través de su rostro adivinaba
su dicha inmensa, su creciente afán.

¡Oh, días de angustiosa alternativa
y de lucha secreta para mí,
al cabo de los cuales nos dijeron
que iba a casarse ya! Mas no fue así.

Orgullosa al principio de su nuevo
y ardiente adorador
arrastróle en su séquito, y más tarde
se burló de su amor.

El montañés altivo y desdeñoso,
loco de celos, ciego de pasión,
se vio luego enredado en mil indignas
intrigas de salón.

Por fin quedó ajustado el matrimonio,
mas no se realizó;
sobrevino un ruidoso rompimiento
y él se marchó.

Ella tuvo en seguida muchos novios,
y él se casó en La Paz.
Sé que es horriblemente desgraciado...
... No hablemos más.

La sociedad es un jardín, y en ella
brotan flores más bellas cada vez.
Para toda mujer vana y hermosa
hay un fantasma horrible: —la vejez.

Laura vio al fin que el sol de su hermosura
se iba pronto a eclipsar,
y entonces... ¡la ladrona de mi dicha
volvió a mi hogar!

Ya sabes lo demás. ¿A qué contarte
lo que ocurrió?
El blanco de sus miras fue mi padre
que en breve a sus encantos se rindió.

En vano los parientes le advirtieron
los riesgos de un enlace desigual.
¡Es terrible pasión la de un anciano
porque es la más sensual!

Satisfecha en sus sueños de fortuna,
dueña ya de mi hogar, se figuró
que en su vida de lujo y de grandezas
iba a estorbarla yo.

Su encono fue tenaz. Tan cruda guerra
no resistí;
exigió que mi padre me arrojara...
Dejé mi casa y se libró de mí.

Pronto, de los domésticos quehaceres
sintiéndose incapaz,
ansió de la sirvienta sin salario
el auxilio eficaz.

Esperó que al hallarme sin amparo
cediera a la menor insinuación;
mas, nada, ni las súplicas de Edmundo
vencieron mi tenaz resolución.

Ella, indignada ya, mi resistencia
no pudiendo vencer,
¡ay! se vengó de mí, prohibiendo al niño
que me volviera a ver.

¡Oh, martirio de todos los instantes
que no podré pintar;
mi última sombra al conciliar el sueño,
mi primer pensamiento al despertar!

¡Saber que no he de verle, que está mustio,
que nadie piensa en él,
y que su aspecto acusa la indolencia
de esa mujer cruel!

Un día, desde lejos, en la calle
le descubrí,
corrí ansiosa a su encuentro; pero al verme
el niño huyó de mí.

Llegué a casa, y lloré desesperada,
y me espantó el vivir,
como si aquella pena sin remedio
tuviese que afligirme hasta morir.

Yo fui siempre neurótica, no extraño
que aquella vez
me asaltaran de nuevo los espectros
de mi triste niñez.

¿Por qué dicen, Teresa, que la infancia
es la mejor edad?
Yo he sufrido en mi infancia horrendas crisis
de indecible ansiedad;

he presentido, en lóbregos ensueños
que agitaron mis noches sin dormir,
mi paso por los páramos sombríos
del porvenir...

Vino un día a buscarme una sirvienta
y, de un modo brutal,
me refirió que Edmundo se moría,
que estaba mal, muy mal.

Volé al punto a la casa de mi padre
a pedirle, arrastrándome a sus pies,
que me dejaran ver al ángel mío
por la postrera vez.

Llegué a la casa. ¿Lo creerás? La puerta
se me cerró.
Y mi padre, Teresa, sí ¡mi padre!
lo consintió.

Una borrasca de dolor sin nombre
pasó por mí;
murió sin verme al fin, y a pocos días...
¿No te lo han dicho nunca? ¡Enloquecí!

Vagar sin tino, absorta en una idea,
buscar la soledad,
dudar de todos, desconfiar de todo
y odiar la humanidad;

sentirme a un tiempo acobardada y fiera,
ser presa de recóndita inquietud,
oír en cada acento un alarido,
y ver en cada mueble un ataúd;

ver odio y burla en todos los semblantes
y una amenaza en la menor señal,
soportar el ultraje de miradas
hirientes como el filo de un puñal.

Tal fue el principio, el lúgubre periodo
del eclipse gradual de mi razón
en que cruzaron ante mí fantasmas
que llenaron de espanto el corazón.

¿Sabes qué es la locura? Es el violento
grito de horror que da
el ser a quien torturan mil dolores
cuando no puede sopotarlos ya.

Es la protesta enérgica y salvaje
que agotando las fuerzas de una vez
nos hunde en un sopor... sopor sin calma,
morbosa languidez.

El despertar del sueño aquel aún dura...
mientras la vida transcurriendo va,
dormido en un rincón del cementerio
el astro de mi amar no existe ya.

No quiero recordar. Es mi consigna
coser, coser y conquistar un pan,
matar el alma, consumir mis horas
en tan mezquino afán.

No comprendo a los seres que a una tumba
van, con flores, su duelo a cultivar;
en los grandes dolores, el dilema
es: —Morir u olvidar.

Todo lo sabes ya, Teresa mía,
no me interrogues más,
deja que mis heridas cicatricen;
¡déjame en paz!

VI

Después de aquella triste confidencia,
mi amiga, entrando en el paterno hogar,
fue, junto al lecho de su padre enfermo,
la sombra buena, el ángel tutelar.

Largo es el padecer, ruda la prueba,
y heroica la virtud
de quien asiste al hombre en el descenso
que lleva a la postrer decrepitud.

Tula no se apartaba del enfermo,
y algunas veces visitaba yo
la estancia aquella, en que el deber austero
víctimas y vergudos agrupó.

Víctimas, sí; la niña, niña enferma,
único fruto de la absurda unión,
miraba a todas horas a su hermana
con inconsciente y muda admiración.

¡Hermana suya, y a la vez extraña!
Enigma que no osaba descifrar.
¿Por qué el odio sin causa de su madre?
¿Qué abismo la apartó de aquel hogar?

La pálida enfermera de ojos negros
con su sencillo traje de percal
¡qué bella estaba! La flotante falda
ceñida por airoso delantal,

los años y el dolor no marchitaban
la suave frescura de su tez,
revelando en las líneas de su talle
graciosa madurez.

¿Por qué ha de envejecer quien de la vida
sólo ha probado el néctar celestial,
apurado en los cándidos ensueños
de un triste amor, castísimo, ideal?

La sorda convulsión de otras pasiones
que trastornan el alma con su afán
rompe las fibras, y sus rojas llamas
frente y mejillas horadando van,
como se abren las grietas del terreno
quemado por el fuego del volcán.

Mas, cuando del mortal remordimiento
no se siente jamás el aguijón,
cuando las dichas sólo son ensueño,
el dolor es también pura ilusión.

Llegó el verano y una tarde, a solas,
en un rincón de un saloncito azul,
junto a una gran ventana guarnecida
de cortinas de tul,

cogió mi mano, me miró un instante
con solemne y tristísima expresión:
—Juan ha llegado —murmuró. Al oírla
tembló mi corazón.

Luego, fija la vista en el vacío,
dijo con tenue voz:
—¿Por qué amontona así los sufrimientos
en mi existencia Dios?

En mis plegarias de tan largos años
no le he pedido más
que olvido y calma —yo, que otra ventura
no conocí ni probaré jamás.

Mi alma está muerta y burla me parece
sentir y amar,
pero sólo al pensar en su llegada
siento mis emociones despertar.

¡Ay! ¿Qué va a ser de mí, Teresa mía,
cuando le vuelva a ver?
¿Cómo disimular en la presencia
de esta maligna y pérfida mujer?

No tengo fuerzas ya para la infame
comedia del vivir.
¡Ah! Si mi padre no se hallara malo,
me quedaba un recurso: ¡huir, huir!

VII

En ese saloncito entapizado
de rafia azul,
junto a la gran ventana guarnecida
de cortinas de tul,

mientras dormía el fatigado enfermo,
después de anochecer,
me cupo presenciar frecuentemente
una escena sencilla al parecer:

un hombre encanecido y una obesa
mujer de roja faz
conversan por lo bajo, en tanto que ella
contempla al hombre, impávida y audaz.

Junto a la luz, la estatua de ojos negros
y rostro juvenil,
absorta en su labor, mueve la aguja
con sus ágiles dedos de marfil.

El practicante que asistió a la loca
y hoy es su amigo y a su lado está
sostiene entre las manos la madeja
que ella en sus dedos enredando va.

Aprovechando de su pobre enfermo
el sueño momentáneo y la quietud,
trabaja. El joven la contempla a veces
en muda y melancólica actitud.

Dina está allí. La niña enteca y pálida
sentada en un rincón
fija la vista en el gallardo mozo
con ingenua expresión.

Se oye llover. En la desierta calle
reina la más profunda lobreguez,
en la pieza contigua el pobre enfermo
respira con ansiosa pesadez.

Las horas pasan. La inquietud del alma
asoma en cada faz.
¡Cuánta emoción secreta! ¡Cuántas luchas
en esa escena de aparente paz!

Fuma y medita el hombre encanecido,
ceñido el alto cuello del gabán,

medita con los ojos entreabiertos
mientras Laura lo observa con afán.

Envuelto en la humareda del cigarro,
con fruición dolorosa y celestial,
fija en Tula miradas fugitivas
mientras le espía la mujer fatal.

La rabia de los celos, el despecho,
hacen palidecer la roja faz.
¡Cuánta emoción secreta, cuántas luchas
en esa escena de aparente paz!

Mas, ¿qué le importa al hombre encanecido
que, de sus tristes ojos al través,
se adivine un ensueño que acaricia
por la postrera vez?

Vencido de la vida. Peregrino
que el sendero intrincado equivocó,
divisa al otro lado del abismo
al ángel que las cimas alcanzó.

La garra del dolor de su destino
estruja su marchito corazón,
mira al ángel aquel, mas sus miradas
no imploran ni amistad ni compasión.

VIII

Murió el viejo por fin, y una mañana
a mi puerta volvieron a llamar:
eran Juan y Raúl el practicante.
Les hize entrar.

Ambos, amigos ya, juntos partían,
Raúl a Potosí, Juan a La Paz.
—¿Cuándo volverá Ud.? —pregunté al joven.
Y este me contestó: —Tal vez jamás.

IX

Tras los primeros días de su duelo,
Tula vino al taller; con lentitud
abrió su bolsa y me alargó una carta,
la carta de su amigo —de Raúl:

«Mi regreso a ese valle tan hermoso
donde fui tan feliz
dependerá de una sentencia tuya
que es de vida o de muerte para mí».

Así empezaba. La miré un instante.
—Tula —dije—, te quiero preguntar:
¿La que una vez amó como tú amaste
podrá volver a amar?

—¡Oh! ¡Sí! —exclamó—. No ya con la insensata,
fatal pasión de la primera edad
fruto de una exaltada fantasía,
locura, ceguedad;

con otro amor más noble, más profundo,
amor que es realidad y no ilusión.
Ternura generosa que es, a un tiempo,
piedad y abnegación.

¿Contemplaste los cálidos matices
de un paisaje otoñal?
Así se enciende el alma iluminada
por su llama fecunda y celestial.

—¿Le amas? —Le adoro. Por su dicha diera
mi triste porvenir.
Si él me diese la muerte, ¡qué ventura
fuera morir!

Cogí su mano entusiasmada, y dije
fuera de mí:
—¡Por fin serás dichosa! ¡Tula mía,
escríbele que vuelva, dale el sí!

—¡Dichosa! —murmuró—, ¿piensas acaso
que he de sacrificar a Dina yo?
¿Se puede ser feliz cuando otros lloran?
¡No puedo, no!

Yo no me hago ilusiones; sé, Teresa,
que en ese corazón, en vez de amor,

ha infiltrado la madre el cruel veneno
de su tenaz rencor.

Sé que ella no me quiere; —mas, ¿qué importa?
Mi deber cumpliré.
A esa mujer que asesinó mi dicha
no me pareceré.

¿Yo, clavarle el puñal, ser su verdugo,
torturar su inocente corazón
y cimentar mi dicha en las ruinas
de su primera y tímida ilusión?...

Quedé vencida, y luego, con vehemencia
volví a decir:
—Piénsalo aún, no juegues con tu suerte,
no destroces así tu porvenir.

¿Qué ha sido siempre para ti la vida?
Una burla cruel.
¿A qué tan infructuoso sacrificio?
¿Acaso la ama él?

—No importa —murmuró—. Dios lo ha querido,
mi deber cumpliré.
A esa mujer que asesinó mi dicha
no me pareceré.

X

Pasó algún tiempo. Hallábame en la calle,
cuando de pronto un día
oí el trágico son que nos advierte
que hay un mortal que se halla en agonía.

Seguí al sagrado viático, y entrando
del padre de mi amiga en la morada,
me detuve ante el lecho en que yacía
Laura enferma, convulsa, demacrada.

Di algunos pasos más, y penetrando
en otra habitación, que estaba abierta,
hallé tras sus cortinas
a Tula arrodillada ante la puerta.

—¡Tú aquí! —dije en secreto—. Yo ignoraba...
¡Pobre Laura! ¿Te ha visto? ¿ La has hablado?
Quién hubiera pensado que tan pronto...
Qué mala está ¡infeliz! ¿La has perdonado?

—Ante el misterio augusto de la muerte
—dijo— enmudece la pasión humana.
Me llamó y acudí, le he prodigado
los prolijos cuidados de una hermana.

Callamos. En el cuarto de la enferma
lleno de los efluvios del incienso
alzó su voz solemne el sacerdote,
y todo el mundo se quedó suspenso.

Respondiendo a la fórmula sagrada
con quejumbroso entrecortado acento
la enferma perdonó —fue perdonada,
y le fue administrado el sacramento.

Salió el gentío al fin. La moribunda
esforzando su aliento estertoroso
llamó a Dina; la niña acongojada
acudió reprimiendo su sollozo.

¿Estamos solas? —dijo—. Quiero hablarte,
acércate, hija mí...
Oye... lo que tu madre... te aconseja...
antes... de que principie... su agonía.

Tula ha sido muy mala. A ella le debo
todos mis sufrimientos.
El temor de que vivas a su lado
me atormenta en mis últimos momentos.

Perdónala; pero, por Dios, te ruego,
no cedas a sus pérfidos engaños.
Quedas sola, es verdad, pero prefiere
la protección más bien de los extraños.

Tula se puso en pie; vi que se ahogaba
y la seguí. —Salimos de la pieza.
Una vez fuera, absorta, enajenada
inclinó la cabeza.

Después la irguió —con expresión huraña
sacudiendo la frente,
quedó un instante pensativa, y luego
murmuró fríamente:

—¡Oh, ceguedad de la conciencia humana
que los cimientos de la fe derrumbas!
¿Dónde está Dios si van sus extravíos
más allá de las tumbas?

Engaño fue pensar que un solo instante
ni ante la muerte la verdad reluzca...
¿Quién ha sido el verdugo? ¿Quién la víctima?...
¿Soy yo o es ella? ¡Mi razón se ofusca!

Tras de la muerte el Tribunal Supremo
su majestad despliega
y ¿a quién castiga, si al juzgar sus actos
es la criatura ciega?

Dios nos ordena amar, ¡y es el castigo
dogma consolador, feroz consuelo!
Si ese ser que me ofende va al suplicio,
¡cuán generosa soy gozando el cielo!

—¡Calla! —dije asustada—. No blasfemes.
¿Quién osa penetrar en lo infinito?
No te hieras en vano golpeando
sus puertas de granito.

Calló. —Desde aquel día
presa de amarga duda,
la costurera de los ojos negros
va por el mundo ensimismada y muda.

Loca de hierro. Alguna vez sus frases,
como fragor de fuego subterráneo,
dejan sentir la tempestad de ideas
que arde bajo su cráneo.

Su expresión es de paz; pero impulsada
por inquietud constante,
va por el mundo ensimismada y muda
como fantasma errante.

XI

¡Feliz la parietaria que en los mares
borda la cima del peñón azul!
¡Feliz la nube que deshizo el viento
rota en jirón como rasgado tul!

Arrastradas en raudo torbellino
irán donde las lleve el vendaval,
libres al fin en su triunfal carrera
de un átomo del polvo terrenal.

¡Alma infeliz, mortal que alzas la frente
implorando a la muda inmensidad!
¡También un día te alzarás del polvo
en alas de suprema tempestad!

ÍNDICE

IV

V

Este libro se terminó de editar en Granada
en septiembre de 2024 por

www.aversopoesia.com
hola@aversopoesia.com